JN439388

길 위에서 별이 되다

장미애 시집

도서출판 경남

경남시인선 173

길 위에서 별이 되다

장미애 시집

펴낸날 | 2015년 8월 31일

지은이 | 장 미 애
펴낸이 | 오 하 룡
펴낸곳 | 도서출판 경남

주　소 | 창원시 마산합포구 몽고정길 2-1
연락처 | (055)245-8818~8819
블로그 | gnbook.tistory.com
이메일 | gnbook@empas.com
등　록 | 제567-1호(1985. 5. 6.)
편집팀 | 오태민 | 심경애 | 구도희

ISBN 978-89-7675-999-3-03810

* 이 책은 한국문화예술위원회 경상남도 GYEONGNAM
경남문화예술진흥원 에서 발간비의 일부를 지원받았습니다.

* 잘못된 책은 바꿔 드립니다.

〔값 10,000원〕

시인의 말

여남은 살부터 백일장을 떠돌며 시를 몸으로 받아들였으나, 심장을 파닥거리게 할 만한 시 한 편 못 써낸 주제가 된 것 같아 숙제처럼 미루고 미루어 온 시집을 이제야 세상에 내보낸다.

한때 시를 쓰지 않겠다고 내 젊은 날 유랑과 문학에 대한 끝없는 허기가 고스란히 담긴 시를 몽땅 불태워 버렸었다. 그래서 참 궁금하다.

삶과 꿈이 동일시되어 현실엔 눈멀었고, 남루한 몇몇 언어들로 기워보는 내 시가 늘 불만이어서 안으로 안으로 사그라들어 이제는 더 숨을 곳도 없어진 지 오래다.

하지만 여기 가만히 출렁거리던 내 이파리들을 가시 없이 내놓는다. 다시는 찔려 피 흘리지 못하게.

내 삶에 한없이 힘을 실어주고 아낌없는 독자가 되어준 언니, 말없이 응원해준 오빠, 동생 가족들, 그리고 무엇보다 내 시가 되어준 아들 승환, 새로운 가족이 된 며느리 미정이, 살아서 다 갚지 못하는 마음 빚이 되더라도 용서해 주시길…….

2015년 여름 지리산 묘향암에서
장미애

차례

제2부 그 추억이 섬이 되다

제3부 山行日記

제1부

너를 그 길에서 만나다

그대 눈이 말하네

그대 더운 눈으로 나를 보네
내 시린 가슴속 빈터를 데우라고

그대 고난의 눈으로 나를 보네
바람 부는 세상에 발목 적시며 서 있는
내 솟구치는 눈물 씻으라고

그대 불꽃의 눈으로 나를 보네
다른 세상 만들어 꽃피라고
칠흑 같은 어둠이 와서 사람들이 다 비워져도
맑은 목소리로 노래하라고

그대 칼날 같은 눈으로 나를 보네
비탈진 언덕을 올라
양심의 살로 채워질 정의를 위해
서슴없이 버릴 수 있는 것이 밥이어야 한다고

그대 완강한 눈으로 나를 보네
비틀거리며 몰려오는 사람의 진흙 밭에
어김없이 뿌리내려 가지를 얻어서

살아서 한 송이 꽃피워 내라고
꽃피워 새벽하늘 향기로 열어서
시름에 겨운 입술 물들이며
참사랑을 말하는 입이 되라고

나를 보네, 흉내 낼 수 없는 눈으로 나를 보네
눈여겨 총총히 주시는 생명

밀물의 귀산에서

굽어진 해안선을 돌아 나온
만삭으로 뒤채는 열나흘 달빛이
저녁바람에 젖고 있다
바람은 이미 어제 그 미지근한 바람이 아니다

날마다 찾아드는 내 극심한 눈물과
뾰죽거리며 달려들어 나를 찌르는
세상의 가시들이
밀물의 귀산에는 없다

산다는 것은
눈물 덮어 줄 향기를 찾는 일
달빛만 한 희망을 담그는 일
산다는 것은
허락도 없이 들이치는 물살
헤치는 일

동해에서

막 잠들기 위해
이불을 펴는 난바다
무수히 꽃등을 단
대낮 같은 빛무리 하늘을 세운다

병풍처럼 둘러서서 바람을 재우며
아직 바다는 분주하다

깊은 물속 먹물 쏘아대며 놀던 오징어 떼처럼
꽃등의 꾐에 빠져
그대에게도 달달한 사랑 있었겠지만
그래서 더욱
건질 수 없는 이 막막한 노래

내가 흔들리는 사이
모닥불 같은 서해의 노을은
수평선 너머 하늘을 열고
다시 동해의 일출로 살아나
간밤 질펀했던 잔칫상을 치운다

바다 비애

— 보트피플에게

사방에 반짝이는 것은
어둠을 짓이기는 물의 뿌리
남국의 비췻빛 해변을 비추고 몰래
빠져나온 달빛은
파도에 쓸려 허기져 있다

날아오르기엔 하늘이 너무 멀다
수천의 그리움들
뭍에서 손 흔들어 지우고
끝내지 못한 사랑
살아야 할 이유가
찬란한 혁명처럼 떠 있다

가물거리는 추억
추억과 맞서 싸우는 희망
희망과 악수하는 뭍으로 향한 꿈이여
아, 인도차이나의 겁탈당한 바람이여

늦봄 꽃 지듯
또 사람 하나 버린 바다에
새벽이 온다

불혹에게

너 오기만 기다렸다
타인의 방에 등짐 풀어
한 시절 묻어 사는
게의 목숨 같은 지난날

손 흔들어 인사도 없이
커진 몸 어쩌지 못해
등짐 훌훌 벗고
너른 세상 떠나는 게의 희망처럼
서른아홉의 입술로
너를 불러 다시 살고자 한다

이제 너를 만났으니 온몸을 적시며
발그레한 속살 꾸리면서
불같이 뜨거이 무르녹고 싶다

내 깊은 바닷속 너를 가두고

피아골의 목소리

원추리 풀숲에 숨어
활활 타는 눈으로
비린내 눈물 씻어 주는
피아골 가는 길

팔월 땡볕에 그을린 정수리를
혼령인 듯 감았다 풀어지는 바람
아슴한 어느 여름날 그때도
슬픈 역사의 자유 앞에
이념의 날개 퍼득이며 이렇게
바람을 헤치고 산나리가 피었으리라

비비새가 울고 간 낮은 나뭇가지의
흔들림으로
반세기 전 그대들의 안부를 묻는다

노을 타는 으스름 하늘이 들어와
소쩍새 피울음으로 칠흑의 밤이 오면
두 눈 젖어 푸르던 그대들의 안부를 묻는다

꽃잎 하나 풀 한 포기에도
먼 그대들의 숨소리가 묻어 있어
아직도 번득이며 흐르는 눈물들
어느 이름 모를 지류로 흘러
신새벽 섬진강가에서 올망졸망
손잡아 악수를 한다

너무 멀리 와 버렸다
다시 만나기엔

푸르게 소리치던 골짜기의 이파리들
등을 댄 채 돌아서서 간다

남해에서는 아, 기적같이
사랑이기를

천등산에서

핏빛 철쭉 돌아앉은 자리
시푸른 유월이 깔아 놓은
천등산 등성이 전라도 바람은 아프다

바깥세상은 혼수상태
너에게로 가는 길은 보이지 않고
고흥반도는 바다에 젖어 있다

젖다 남은 바다 언저리
스스로 제 높이를 가늠하면서
봉긋봉긋 솟아난
섬들은 마치
불온한 사랑 같다

영험하다는 전라도 천등산
어딘가에서 찔레꽃 향기
맨발로 걸어 나와
골짜기에 고인 내 눈물 씻어 주고 있다

포구에서

눈뜬 아침부터 비였다
안개비 내리는 포구
방파제를 씻어 내리는 갯내는
나를 알아보고 맨발로 뛰어왔다
잘 익은 나의 절망을 베어
던진 바다는 핏빛이다
연신 내리는 비는 갯내를 품고
먼 길을 떠난다 다시
살아서 오기 위하여

안개 거리

앞서 가던 사람 보이지 않는다
밤새 토해낸 바다의 한숨은
뭍으로 향해 길게 누워 있다
나의 붉은 죄를 지우고
간밤 길었던 꿈을 지우고
안개는 바람 없이도 신작로를 지나
잘 익은 보리밭에 잠시 걸터앉아
새참 막걸리에 취해 졸고 있다
유월 한나절 적당한 취기와
출렁이는 초록의 희망이
안개 거리에서 지워진 너를 찾는다
깃발을 흔들며 구하던
푸른 자유여

축 제

시를 쓰다가
절뚝이는 세상 구원을 위해
시를 쓰다가
하얗게 비워지는
행간에서 잠이 들었다

누구였을까
상엿소리 흐르는 길 위에
흩뿌려지는 이승의 마지막

축제다
훨훨훨

송도 방문기

몇 번은 주체 못 할 사랑으로
몇 번은 폭풍의 방파제 물기둥을 위해
몇 번은
몇 번은 그 사랑에 손 흔들며
다시 스물 몇 해 만에
병원 예약시간 남은 한 시간을 지우기 위해
부산 암남동 ○○번지
낡은 구름다리 바라보고 있다
저만치 겨운 사랑도 가고
또다시 찾아온
불확실한 이별
소금기 여전한 물살 반짝이는데
미사일 같은 모터보트
회오리치며 지나간다

그대 속살의 바다를 다오

한때 뜨거웠던 나의 눈물
등 푸른 그대 체온으로 식혀다오
나 숨죽여 키워 온 불씨 하나
무성한 바람 속에 출렁이고 있으니
그대 푸른 배경으로 덮어다오
살아가다 벗어 놓은 허기진 사랑도
그대 무궁한 물방울로 적셔다오
사람에게 받아 지우지 못하는
칡넝쿨 같은 배반의 혀끝
등푸른 그대 체온으로 풀어다오

태종대 유감

사랑이 날 데리고
바다로 간다
시월의 막막한 몸
시위대에 떠밀리며 길모퉁이
매캐한 가로수에 기대어
흘린 눈물 버리러
바다로 간다
태종바위 난간에서 무섬증에 떨며
멀리 쓰시마 해역 보인다고 생떼를 쓰던
가을 햇살은 절벽에 기대어 익어가는데

사랑이 날 떠나가면
바다로 간다
내가 나에게 따르는 혁명의
술 한 잔

칼바람 속에서

첫 새해 나들이
전라도 순천서부터 시작된 눈발은
광주까지 가는 동안 내내 퍼부었다
어둠에 갇혀 흰 눈물을 울던 금남로
번득이는 새 날의 바람이 불던 충장로
계림동 늦은 감자탕 국물에 온몸을 다독이며
피 냄새 배인 거리를 걸었다.
열네 살 아들놈의 망월동 타령에 떠난 광주행
눈길을 달려 무등산 자락에 짐을 풀다가
결빙의 단단한 길모퉁이에서 꺾어지고
다시 되돌아오는 남해 고속도로
새벽 찬 들을 눈발 속에 달리는데
아쉬운 것들이 마구 돋아나서
오던 길을 자꾸 뒤돌아본다
눈 내리는 전라도와 맨땅의 경상도가
하얗게 손잡고 섰는
손바닥만 한 이 땅의 신열에 대하여 생각하다가
새벽 칼날보다 시린 바람을 뚫고
아픈 역사의 벽을 가르며
둥둥둥 소리치는 북소리

문촌 오후

죄명은 문둥이
이건 어처구니없는 벌罰이올시다*

성긴 바람 속에서
핏발처럼 서 있는
용호동 ○○번지

천형의 얼굴들
절벽 아래
오륙도 적시는 눈물로 남기고
덩그러니
회색빛으로 건너온 시간만
출렁이고 있다

벗어 놓은 양말 속
밤새 문드러진
서러운 발가락의 온기가
아직 남아 있는데

진눈깨비 흩뿌리던 참혹한
시간을 견딘
미처 챙기지 못한 솜이불이
헐어진 담벼락 사이에서 울고 있다

단 한 번
너에게로 열리는 환장한 시간들이
지금
철거되고

SK뷰는 분양 중

*한하운 시 〈罪〉 중에서

해남 2002

견뎌 온 만큼의
무게로 퍼덕이는 손끝
건져 올리는 유월의 바다는

붉은 얼굴로
나를 가두었다

땅끝에서

우는 폭설 앞에서

소백산맥 동으로 뻗어 남도의 끝자락
몇 년에 한 번 그대 오시나
살아서 온기로 흩날리던 그대의 넉넉한 살점
부둥켜 다독이면 뜨겁게 녹아 우는
말없이 제값을 하고 떠나는 목숨이여
총총히 만져지는 뭉클한 산하
그대 더운 손길로 데워서
연초록 꽃바람으로 넘쳐라
낮추라 낮추라
보리밭도 숨기고 청솔가지 잣나무
그리고 똥개 순한 발자국
너른 옷자락 품어 이 세상을 덮어라
환생을 믿으며
몸통 하나 머리 하나로 그대를 빚는다
우는 폭설 앞에서

하루, 1980

봄, 바다는 비어 있었다

눈물을 흘리며 쓸려가던
우리들
민들레 홀씨 북풍에 날아
양지바른 남도의 돌담으로 피어
봄을 쿵쿵 울리며 축제는 시작되었다

아직 따뜻한 하늘
어여삐 꿈꾸며 살던 스물하나
거대한 통일의 이야기도 아니고
우리들의 주제는 늘
몹쓸 사랑이었다

눈물 흘려도 씻을 수 없는
분홍 꽃잎
함부로 마음 받아 부대낄 때
오월에도 바람 부는지
독한 향기 데리고 바다로 갔다

초보를 위하여

— 탈북자에게

신생의 아이
홀로 걸을 때처럼
몸 언저리 파란 목숨 데우며
끌고 가는 바람 떼

이 땅은 금욕의 처절한 연습장
빈 가슴 불 지펴
지금은 비명 다독일 때
폭풍 같은 월경越境의 순간을 기억하라

그리고
꿈 하나를 위해 밤을 적시라

겨울 詩

만질 수 없는 내 목소리
때릴 수도 없어
죄지으면 짓는 대로
내버려두었다

불혹의 뒷등으로
새파랗게 날 선 지난날
끊임없이 쌓이는 죄의 무덤

이리저리 기워 보는
모나고 성긴 말들
사슬에 얽혀
하늘로 오르면

내 손에 남은 겨울 詩 하나

아름다운 손

비보호 사거리
좌회전하려고 기다린다

줄지어 마주 오는 군상들
가 닿기 힘든 해일 같다

내 속의 슬픔도 바삐
흐르다 돌아볼 때
환영같이 멈추어 서는
마음 하나
먼저 가라고 손짓한다

그 손길 파도에 씻긴
해안선을 닮았다

너와 나 사이에도
섬뜩하게 빚어진
속수무책의 마음 씻어줄
손 하나 있었으면

아름다운 손 하나 있었으면

붉은 해의 전설

한 달에 한 번
자궁에서 끝내 사람이 되지 못한
미완의 덩이들 떠내려간다

비명을 지르며
붉은 혼들이 모여
어깨를 부비며 바다로 간다

썩지 않기 위해
단단히 서로 눈 맞추며
너른 바다로 간다

멀고 아득한 곳으로부터 모여든
본능적으로 서로를 알아본
아픔의 맨살들이
뒤쫓던 어둠을 털어 내고
여명의 천 길 물속을 차고 올라
수평선을 걸어 나온다

정동진에서

바삭바삭 저문 얼굴로
무성한 바람 속에 서서
비명을 지르는 나에게도
청춘의 속도는 있었을 것이다

밟으면 푸른빛 도는
탱탱한 시간들의 질주 또한 있었을 것이다

어느 먼 이국의 항구를 떠나온
가난한 사랑 노래
힘겨운 세상
나를 비우라는 은밀한 목소리다

오늘 너를
만나고 돌아서는
세상 끝에서 덜컥 해가 진다

내일은 좀 더 독한 사랑으로
살게 되기를

비에 대한 단상

불시에 내 온몸을 일으켜
세우는 빗소리는
아편이다

잡다한 일상을 자르고
떠나는 길은 늘 몇 개의
그림이다

한적한 길옆
은빛 동전을 기다리는
커피 한 잔의 사치는
그래서 희망이다

비가 내리면 등 뒤로
피 흘리는 사랑 내려놓고
바다에 선다

새떼 줄지어 날다 버려둔
벼랑에 젖은 저녁 해
상기된 얼굴로 곤두박질하는데

사는 일에도 느닷없는 해거름 있어
때로는 준비 없이 이별이 온다

꽃무릇

함양 상림숲 아래
등불 밝히고 둥둥
피어난다 꽃무릇

빠알간 맨몸 드러내
대책 없이 들끓는 사랑
상사화를 닮았다

바깥은 지금 가을이 타는데

밥

디딜방아 식솔들 끼니를 찧던
그때는
열린 사립짝 얼굴 들이밀던
동냥꾼의 다순 한 술이
있었다 밥상에

채 준비도 없이 세상이 열리고
지금
지구별 신열을 앓아
무허가 쪽방 한기 속에
이승의 가난을 덮고 누운 주검

한 끼 밥상을 꿈꾸며
남루한 혼령조차 짐이 되어
날지 못하는 그대여

용서하시라
조팝꽃 같은 그리움으로
용서하시라

오늘 갈라진 벽 틈으로
동짓달 저녁 바람이 분다

낙타를 기다리며

운 좋은 날
가끔은 나를 기억하는
영혼들 만난다 꿈속에서

내가 자유로운 시간이다

덩이져 흐르던 눈물도 그치고
참혹한 시간을 견딘
내 안의 그리움도 그치고

내가 자유로운 시간이다

*바다 깊이를 모르던
김기림의 나비처럼
아무도 내게 사막의 목마름에 대해
일러준 일이 없기에

툭
마음을 놓아버린 길
모래바람 속에 서서

푸른 꿈을 꾼다

*김기림의 〈나비〉 중에서.

죄

— 감성돔에게

난생처음 드리운 낚싯대
한입도 안 되는 너를
도마 위에 올리고

꽃다운 나이
날아오른 슬픔들

나는 망설이고 있다

단 서

1972. 1. 26.
홀트 아동복지회 앞에서 발견
노르웨이 거주

그날 하늘은 어떤 색이었는지요
바람은
햇살은
눈물은

이곳은 해가 지지 않아요
어머니

해방구

그렇습니다

가시의 장미가 뿜어 낸
숨 막히는 울혈도
오월 산빛이면
용서하겠습니다

지금은 추억이 된
개망초꽃 무리진 길
함께한 나들이도
듬성듬성 철 이른 코스모스면
용서하겠습니다

이제
쓸쓸하고 쓸쓸했던 시간을 꺾어
우기의 별 아래
꽃물 얹어 말리겠습니다

나 그대로부터 놓여나기 위해

즐겨 찾기

사월 복사꽃 그리움
칠월 산등성이 바람
토담 아래 한 무더기 들국화
두고 온 고향 밤새 내린 눈

그리고
내 안에 살아 일렁이는 행복

해 후

잠시 빨간불에 갇혀 돌아본
거기
창밖을 서성이던 바람 속
스무 해를 스쳐 간 얼굴 하나

다시 파란불이 켜지고
작별의 손길 어느새
교차로를 빠져나와
실낱같은 그대 안부를 묻는다

다시는 오지 않을지도 모른다
이 길

아리따운 스물하나
한사코 떠나 버린 길 위에서
흔들리고 있다

꿈 길

꿈의 길에도
땅을 뚫고 오르는
포실한 새순 있어
가시 돋혀 피 흘리는 마음
새살 돋게 할 수 있다면

꿈의 길에도
푸른 나무 그늘 있어
넘어져 상한 가슴
쉬어 갈 수 있다면

꿈의 길에도
물소리 긴 강 언덕 있어
데인 기억
말갛게 씻을 수 있다면

꿈의 길에도
새소리 품은 산길 있어
그리움 꽃잎처럼 내려
마음 고요해 질 수 있다면

꿈의 길에도

詩의 꿈

알록달록
희망의 밥 한술 위해
시를 씁니다

때로는
세상을 덮는 공해 같다가
또 때로는
향기로운 불씨 같기도 하고

그래도 씁니다
여남은 살부터

그곳을

— 최진실 죽음을 보며

어디라고 말해야 하나
목을 매고야 이르는 곳

눈만 까맣게 빛나는
눈물의 아들 딸
살을 찢어 몸을 나눈
슬픈 어머니

어두워지면 지는 대로
눈물이 나면 나는 대로
그대 짧은 생 다스린 여기
급히 내려놓고 떠난

그곳을
어디라고 말해야 하나

自由여

미나리꽃 땀 흘리는 8월 땡볕
엷은 눈빛도 노래가 되던 하늘가에는
행방을 모르는 제트기의 긴 그림자
희다

너를 만나러 가는 길
풀잎마다 바람이 그네를 타는 들녘엔
네가 부르는 노래 들리지 않아
그립다

내 청춘의 한때를 건너올 때도
네 옷자락에 묻은 아리따운 향기로 하여
청량한 긴 기도가 있었는데

숲으로 들며
농익은 노승의 목탁 소리 짙어지지만
아파트 분양에 조이고
노후 연금에 목이 잘린

이 적막한 자유여!!

끼어들기

마음을 툭 놓아버리고
세상에 나갈 일 없었던 봄날 저녁
사람의 집에
스멀스멀 기어든 뱀의 기억

시간의 촉수를 건드리면
삼백예순날을
똬리 틀며 있었던 게지요

까맣게 죽어간 빛들 모여
거대한 기둥을 세우며
다시는 노래하지 못하게
다시는 꿈꾸지도 못하게
그 기둥 잔뿌리를 불러
밤마다 잔치를 벌였습니다

나를 제압하고
내 아들을 제압하고
내 핏줄들을 제압하고

그 뱀의 혀가 길어질수록
매일의 사소한 행복을 꿈꾸며
코를 막고 귀를 막아
사라진 날들을 불렀습니다

이제 고단한 내 몸 뚫고
다시 돋아난
돈이란 것은 참 이상합니다
먼 곳에 마음을 두면

뱀의 허물처럼 부질없는 것

마음바다

눈이 아니고 마음이려고 했어

접히는 구월 벼이삭의 황혼을 보는 것
그 아래 논두렁 누런 옷 벗어내는 콩대를 보는 것
깊은 가을 종택의 서까래를 보는 것
첫 휴가 다녀가는 아들의 뒷걸음을 보는 것
아무런 약속 없는 휴일 내리는 비를 바라보는 것
휴교령 내려진 언덕길
계엄군의 총끝 오래 눈물로 바라보는 것
그리고
지금은 저만치 마음을 나간 시간을 기억하는 것

늘
눈이 아니고 마음이려 했어

중복에

세계 제일의 조선 강국
그 찬란한 한때
고성군 동해면 포구마다
바다에 엎드려 밥을 만들던 사람들

한때는
조선소 빼곡히 들어차 장밋빛 꿈을 꾸었는데
쇳소리 멈추고 녹슨 산소통 헐떡이는 팔월 오후
일없이 적막한 수평선
사람 일이 궁금한 숭어 떼 꼿꼿한 뜀뛰기가 잦다

세상일 또 얼마나 쓸쓸히 맞물려야
녹슨 쇳덩이 푸른 불꽃 튀어 오를까

산행수첩

내 심장의 더운 피를 부르며
새벽 짐 꾸려
집을 버리는 일도 즐거워

나를 비추는 말랑거리는 햇살에
그리운 것들 말리며 오르는 산길엔

바위틈 수즙은 뿌리로
그 바위에 생명을 주는 양지꽃

가난의 시간을 건너온 며느리
놀란 입속의 밥알 같은 며느리밥풀

불꽃 같은 날개들 사방으로 펼쳐
이룰 수 없는 사랑노래 부르는
꽃무릇의 군무

얼굴을 때리는 산죽의 서걱임도
오케스트라의 한순간

내 노래 말없이 들어 준
꽃들 풀들
오늘 내 죄의 무게 가벼이 한다

오래된 편지

— 면회

그리우면 지는 거다

새벽기차를 버리고 걷는 길
머나먼 강원도 길
모퉁이 돌아서면 어지럽던 찔레 향

철조망 사이 저만치서
푸른 웃음으로 달려오던
풋풋한 청춘의 하루

목숨처럼 나는 약속도 없이
시간은 죽어 바람이 되고
그 바람 불어와
고요가 된 지금

아름다운 자유
내 청춘을 쓰다듬고 떠난
화석처럼 굳어 버린 시간

참으로 난데없는 추억 속에서
지금

그리우면 지는 거다

기차는 여덟시에 떠나네*

오래 묵힌 시간 저편에
한때는 민주주의를 꽃피우던 나라
그리스

봄이면 꽃물 터지고
여름이면 무성히 그늘 내리고
가을이면 불꽃이 일 듯 단풍 들었는데
그 꽃잎 흔적마다 생채기를 내며

몇몇은 전사가 되고
몇몇은 직유 없는 은유로
피 흘리며 조국을 노래했다

젊은 레지스탕스는
카타리나행 기차를 타고 떠나고
찬 겨울밤 애잔한 기타 소리
레일 위를 혁명처럼 떠도는
플랫폼에서 그 사랑이 늙어 가는데

파시스트의 수용소는
끝내 자유를 가두지 못하고

저만치 하얗게 질린 칼날 떠난 자리
사랑이 오고 있다
미키스 데오도라키스

*그리스 저항의 상징 미키스 데오도라키스가 작곡한 노래.

오 늘

누가 죽어 가고 있다
슬픔의 뿌리를 뒤지며
누군가 다시 일어서고 있다
멈출 수 없는 속도로

누가 울고 있다
누가 웃고 있다
누가 떠나가고 있다
누가 돌아오고 있다

누가 사랑하고 있다
녹이 쉬노록
누가 이별하고 있다
불온한 자음과 모음으로

무게가 없는 시를 쓰다가
뼈가 없는 시를 쓰다가
내 몸이 부스러지는

오늘, 창밖은 바람이다

길 위에서 별이 되다

장마 그치고도
끝내 멈추지 못하는
마음 데리고

떠난다
별이 붉은 칠 번 국도

내 앓아 온 병명은
추억 장애

주말농장

비자도 없이 날아온 노랑부리저어새
머나먼 이국 잠시 머물다 떠난
주남저수지 근처

상추 깻잎 호박 오이
골마다 뿌려 놓고

왜가리 하얀 적삼 벼 포기 속 숨죽일 때
향그런 그대 잎들 수런거리는 소리
가득하다

팍팍한 날숨 어지러운 도시를 떠니
내 손이 그려낸 보드라운 풍경

장마전선 길게 드러누운 칠월 아침
어깨동무한 들깨의 발아래
잎상추 간지럼 타는 게 분명하다

카 톡

방가방가
이게 얼마 만이야

꼭꼭 숨고 싶어도
천둥벌거숭이로 드러나

나는 너를 지워도
너는 나를 지워도

방가방가

꽃에 대한 몇 가지 단상

잦아든 기억 수습할 겨를도 없이
차곡차곡 재워둔 시간들
가물거리는데
어머니 계신 석산리 요양원

갯패랭이 닮은 바베나
그해 여름내 눈물 씻어 붉은가

오래전 익사한 슬픔
하얗게 익었다 백합화

칠월 화원 군무를 위해
은빛 벨벳을 두른 우단 동자

납작 엎드려 하늘로 올린 꽃대
다시는 만날 수 없을지도 모른다
비비초 연가

해바라기 그리워 피었나 루드베키아

열네 살 등굣길 밭둑을 넘던
작약의 합창

기별 없이 피었다
두메부추

신들의 거처

가자
메리 설산으로
만년설 머리에 이고
인간을 부르지 않는
메마른 절벽을 적시며 흐르는
성수로 죄를 씻는 곳

바람이 일면
신에게 이르는
타르초의 펄럭임 따라
내 기도가 닿을는지

두견화 골짜기에 아침이 오면
금빛으로 빛나는 가와격방봉*

차마고도 호도협 샹그릴라 지나
구름의 땅 바람의 땅
푸른 달빛의 능선을 따라

가자 가자

메리 설산으로

*티베탄들의 4대 신산 메리설산의 최고봉, 히말라야 마지막 봉우리.

너에게

너에게로 가는 길은 언제나
첫 경험 같은 사랑이다

우리가 두었던 생의 간격에도
서로를 지우지 않았던

퍼 올릴 수 없는 깊이로 거기 서서
귀를 열어 주던

마약같이 너를 향해 가는
이 유랑의 새벽

서걱거리는 세상의 때
정갈히 씻어 주는
내가 환해지는 너는

지리산

사랑보험

겨울입니다 저마다 휘청거리는 생에도 하얗게 눈이 내립니다 사랑도 보험이 있다면 나이가 들어도 병이 있어도 묻지도 따지지도 않는 보험 하나 들어 눈부신 눈물 가난해진 사랑의 오지에 활활 꽃불 붙일 수 있을텐데 밤별이 찬 하늘에 흐릅니다 내 상처의 후미진 뜰에 숨어 우는 예수의 십자가도 구원하지 못하는 야윈 사랑을 딛고 일어설 이 겨울 다 지나고 새살 돋는 복사꽃 환한 등불처럼 꽃피울 사랑 보험 하나 들어 두고 싶은데요 행여 뿌리라도 살아 있어 새순 돋을지 누가 알아요 물이라도 주어 볼 일입니다

프라하의 겨울

푸른 하늘에 맞닿아
신의 노래를 부르는
성당의 종소리 따라
허공에 손 그림을 그려 봅니다
프라하 광장에서

멈춰 있는 중세의 시간
몰다우 강을 흐르는 보헤미안의 영혼을
스메타나*가 그리던 그 조국을
등줄기가 서늘한 2월
귀를 대고 들어 봅니다
카를교 난간에서

나는 왜 오늘 여기 서서
백 년도 못 될 나의 생을 들여다볼까요?

*스메타나 : 체코 출신 '나의 조국' 작곡가.

아우슈비츠 연가

눈 덮인 폴란드
짙은 회색으로 내려앉은 아우슈비츠
원혼들이 춤추는 축제의 레일 위에는
어린아이와 여인의
발자국 소리가 가득하다

생사의 갈림길에서
팽개쳐진 가방 속에는
챙겨온 사소한 시간들이 울고 있다

벗어 논 신발 무덤을 소독하는
독일의 소녀들은 용서가 되어
아우슈비츠 하늘로 오른다

이월 눈발은 점점 거세어지는데
걸음을 붙드는 처형장이 오버랩되어
심장을 관통하는 포로들과 눈이 마주치다

하필이면 지금
나는 왜 아버지가 보고 싶은가!

7번 국도에는

처음 너를 만나 설레던 시간이 있다
먼지가 많아 더욱 빛난다는 잔별들이 있다
너를 만나고 돌아오던 어설픈 사랑이 있다
그 사랑 품지 못한 이별이 있다
아버지를 보내고 참았던
눈물을 버린 휴게소가 있다
어머니를 보내고 듣던
사라 멕라클란의 노래가 있다
한때는 오붓했던 가족사진이 있다
목말랐던 내 시의 우물이 있다
그리고
무엇보다 파릇했던
스무 살의 내 청춘이 거기 있다

제2부

그 추억이 섬이 되다

유년의 마당이

버려진 고향집 툇마루에 앉아
여남은 살 적 마당을 바라본다

동트는 새벽부터
아버지 고단한 하루해
훅 달려들어 가난을 덮어주던
땀내 다시
마당에 꿈틀거린다

시월 낟가리 포개지는 사방으로
콩깍지 바스락거리며 튀어 오르면
돌담장 너머
분주히 떠다니던 소문들

사방에는
가을이 붉은 얼굴로 걸어 나와
몇몇 잎들 서걱이는 오후
궁금증 포개어 수습되지 않는 옛일들
떠오른다

어느새 칼날 같은 바람 사이로
하얀 뼈처럼 눈 내리면
해거름 마른 입대고 비비던
유년의 마당이

어머니의 겨울

섣달 스무 아흐렛날
예순다섯 질곡의 세월이 겨워
그만 정신을 놓치고
맏아들 등에 물 젖은 솜처럼 엎드려
마른 육신 다 비도록 토하셨나요

결빙의 밤바람 캄캄한 고향을 떠나
대학병원 신경외과 병동
그림처럼 누워 있는 당신을 보며
그래도 숨 쉬고 있는 게 어디냐며

복사꽃 같은 열일곱
보릿고개 밀려오는 피울음 같은 시집을 와서
새벽별 함께 연 하루가
완강한 어둠 속에 닫히도록

아들 둘 딸 둘
보랏빛 등꽃같이 세상 그늘 되기를
가파른 오르막길 한 올 허릿줄도 없이
무궁한 사랑 뿌리셨지요

한 달여면 벌떡 일어나
고향 산천 흙바람 다시 맞으리라던
이제는 차마 희망을 놓으신
일곱 해째 또 다른 섣달 찬 달빛 아래

살아서 꽃처럼 향기로운 하늘을
살아서 새처럼 자유로운 바람을
알알이 만져지는 사랑으로 계십시오

어머니의 뻐꾸기

천근 같은 세상 무거워
쓰러지신 어머니
유월 시계 속 뻐꾸기 울면
몸서리친다

밭이랑 이랑마다 불어넣은
혼의 씨앗들
실바람에도 흔들리던 가녀린 허리춤
그리도 가벼운 당신의 무게로
이 산 저 산 떠받쳐 지켜낸
등이 휘는
노동의 기억 때문에

성한 한쪽 다리 매만지며
파도치는 고향 산천 그리워
아직 온기 남은 한쪽 손으로
마른 눈물 찍어 낸다

어머니

고개 들어 본 하늘 끝
여든 둘 그대 닮은 구름
떠 있네요

주말마다 본 당신 모습
가을 풀잎처럼 깜빡거리는데
가슴을 쓸고 돌아오는 길에
눈물 뿌리며 효도를 대신하는 딸

붉은 홍시 익어 가던 장독간 두고
콩꽃 사이 얼굴 묻고 견디던
그 시간들 두고

석산리 이층 요양원
야생화 흐드러져서 더 서러운
오늘

행여 기억 놓아 버릴까
흩어지는 먼 구름
눈 끝으로 잡아 봅니다

어머니의 가방

흙가슴 더듬으며 목숨을 나눈
야생화 지천으로 피어 서러운 유월
석산리 요양원 남으로 낸 창가에
꽃일에 찔린 바람이 서성입니다

육신의 감옥에 갇혀 시간이 꺾인
어머니 머리맡에
단출한 가방 하나 놓였습니다
옷가지 서너 벌 손수건 하나
차마 버리지 못한 부러진 머리띠

아슬아슬한 이승의 벼랑 끝을 보며
목을 타고 흐르는 눈물이
한사코 가방 속을 기어드는데

아무래도 창밖은 비가 올 모양입니다

흔 적

칠월 마른장마 끝에
태풍 나크리가 비를 품고
북상한다는 뉴스다

신새벽 창가를 토닥거리는 기척이
여남은 살 신열에 들떠 조퇴를 하고 돌아와
잠이 든 칠흑 같은 방에서 듣던
그 빗소리를 닮았다

누구는 목숨을 잃었다고 하고
또 누구는 살던 집을 잃었다고도 한다
밤새 베란다 유리창에 흘러내린 물 그림이
붉은 가로등 빛을 받아
쇠락한 잎처럼 헝클어져 있다

가만히 들여다보니 길 하나가 걸어간다
어머니 가신 하늘 길일까
불 속에 던져진 빈 몸으로도
저 빗소리 잘 도착했다는 기별일까
더디 가시라고 바람은 아직
저만치서 오고 있다

독 백

독하게 마음먹는다
남은 시간과 오늘은 화해를 해야겠다

밭이랑 훑으며
알뜰히 가꾼 날들
미련 없이 떠나보내자

해를 등지고
큰딸이 밀어주는 휠체어에 실려
잠을 청한다
이대로 화르르 날아오를 것만 같다

돌아보니
큰아들 사립대학 보내던 그때가
사람 사는 것처럼 좋았다
이승의 마지막 잠 함께해준 큰딸
언제나 애틋함만 던져준 작은딸
아직도 가슴에 밟히는 막내아들

이른 봄날
이승의 마지막은 부디
웃으며 보내 달라

그날, 아버지

아버지 숨 몰아쉬던 아침나절
식구들 밥상을 물리고
늦가을 짧은 볕 따라 자리 옮겨 가며
10 · 26 총격에 이승 떠난
나라님 걱정하고 있었지요

그 먼 길 홀로 가시는 줄 모르고

복사꽃 피어서 흐드러진 앞산 두고
매화 향기 떠내려와 마당에 고이는 뒷산 두고
북간도로 끌려갔던
그 무상의 세월 여기 두고

그 먼 길 홀로 가시는 줄 모르고

지금은 오십 줄 청춘이라고들 하지만
흔들리며 그 나이를 살면서
오늘은 눈물로 남은
그대 생각이 많아집니다

그 먼 곳에도 해가 뜨고 바람이 부나요

구절초 연가

몽환적인 세석고원
환하게 등불 켜든
구절초 곁에 누웠습니다

금싸라기처럼 쏟아지는 햇살 아래
벼를 베던
아버지의 가을 소리 들립니다

자식들 넷 이런저런 근심
낫날로 베어 내던 아버지
그곳에도 구절초 떠다니는지요

가을 숲 붉은 설레임에 빗장을 풀고
새의 눈짓에도 다디달아
스러져 죽으면

끝내 마른번개 내 몸을 말려서
반야 중봉 붉은 노을 되어
하늘로 오를까요

아들에게

겨울 내내
어미의 시를 컴퓨터에 담다가
시가 되어버린 열네 살 너에게
함부로 볼 수 없는 꽃다운 눈 있음을
바람 소리 같은 귀 있음을
오늘 어렴풋이 알고 말았다

사소한 어미의 정신을 배경으로
짧은 겨울 해 묻어나는 강물에
슬며시 한 발을 잠그며 들어서듯
네가 써 놓은 몇 줄의 글들이
푸르게 나를 넘어
바다를 적신다

때 묻은 세상을 들추고
네가 살아야 할 별들을 위하여
한 아름 새벽 깔아놓고
일어서는 바람이여

다시 아들에게

그때, 순한 오월 하늘과
처음 눈 맞았을 때
그리고 꽃처럼 너를 품었을 때
다디단 내 눈물이
미처 덮지 못한 너의 맨몸으로
흘렀다

적당한 푸르름과 소리 없이
온몸을 흐르는 생기로
세상의 바람 속에서
어느덧 스무 해

살아가면서
너에게 이르는 길이
보이지 않을 때
정월 모진 눈발 속을 견디는
보리의 당찬 기운으로
마디마디 솟구치는 몸을 얽어서
그렇게 아들아

기 도

새벽 찬물 한 그릇에
기대어
나는 왜 이토록
간절해질까

우리 사이에
신이 살아 있어
뜨거운 피 배어나기를

아들아

어여쁜 인연에 부쳐

아름다운 봄날에
오월의 아기로 이 세상에 날 때
그때는 파릇파릇 새순이었는데

어느새 푸른 그늘 신록으로 자라서
둘이 하나 되는 집을 짓는구나

서로 눈 낮추어 어여삐 바라보며
따슨 불씨 아껴아껴 피우며 가기를

사랑하는 아들아
사랑하면 더 많은 별이 보인다고
꽃잎과 노을빛도 가슴에 담아가며

짧은 하루하루 모아
사막의 우물 같은 희망의 밥을 지으며
그리 살기를
부디 서로 다독이며 살기를

벽 속의 웃음

너였구나

온몸으로 앓던 시간들
다 비워 낼 수 있게
물빛 산빛 다 품을 수 있게
마음 밖에 나즈막한
고요를 가져다 준 것이

성산포에서였다
세상 독한 바람 막으며
그가 벌린 팔의 온기로
일월의 바다는
땀을 흘리고 있다

벽 속의 순한 가족사진

제3부

山行日記

山行日記 · 1

비다
칠월 중산리
밤새 날뛰던 하늘
끝내 입산 통제다
민박집 벼랑 아래 자귀나무
불어난 물살 어루만지는데
구름 속 아득한 천왕봉
언제나 그리움이다

배반 없는 너는

山行日記 · 2

— 지리산 천왕봉에서

온몸으로 비를 받던 천왕봉
내려오는 길은 어느새 말갛다
이리도 하늘 가까이
네 몸속 어디가 향기로워서
내 절망 어슬렁거리게 하는지

옛것 떠난 자리
아직 새것 오지 않았다

수천의 시간
날것으로 품어
두 팔 벌려 천 년을 이야기하는
고사목
구월 쪼그만 가을볕에
바스락거리는 산국

발끝에 차이는 모난 돌들
이제는 어루만져야 한다

山行日記 · 3

— 지리산 한신계곡을 오르며

붉은 웃음 가득한
시월 한신계곡
신열에 들끓는
몸을 끌며 오른다

다시 비다

앞서 간 사람들
지워버린 길 위에 서서
온몸의 피 더워진다

따뜻한 동행

山行日記 · 4

— 지리산 삼도봉에서

농평마을
납작하게 엎드린 무덤 왼쪽으로 돌아
눈길 오릅니다

통꼭봉에서 끊어진 발자국
불무장등까지 길을 허락하지 않고
이정표 하나 없는 산길에
고로쇠나무 옆구리에 꽂힌
물주머니만이 사람의 흔적
유일합니다

엉겨 버린 시간 헤집으며
겨울 짧은 햇살에 갇혀 돌아보는
반세기 전 슬픔들
흩어진 그대와의 푸르렀던 시간들이
텅 빈 피아골 능선에 가득합니다

경상도와 전라도가 모여 앉은
삼 도 봉

山行日記 · 5

— 지리산 촛대봉에서

늦은 단풍을 뚫고 오른
백무동 계곡의 오한도
세석산장의 끊임없는 밤비도
너를 품은 듯

밤새 뒤척인 한기를 벗고
여명을 헤치며 오른 능선에
너와의 사랑이

눈물겨워라
빛속의 일출

해가
붉은 해가
나를 비추고 있다

山行日記 · 6

— 지리산 제석봉에서

산을 어르는
작은 눈짓들을 봐

가득한 사랑이야

이리도 작은 꽃이파리
온몸으로 피어나서
천년 고사목을 지켜

노 랑 제 비 꽃

山行日記 · 7

— 지리산 연하천을 오르며

등이 굽은 길 위로
비가 내린다
꿀참나무 이파리
몸을 비비는 사이사이로

경계가 지워진 능선의 안개
울었던 기억이 참 오래다

길은 굳은 살점 풀어 낼 시간도 없이
빗소리에 감기는 젖은 새소리도 품고
빗소리에 긁힌 그리움도 품고
사랑을 엎지르며 찾아온
사람의 눈물도 품고

아, 그러나
믿을 수 없다
내가 벗어 놓은 길

山行日記 · 8

— 설악산 공룡능선에서

천둥과 번개와 폭우와
대청봉을 흘러가는 바람 함께
쉬이 공룡을 허락하지 않는다

다시 오를 수 없을지도 모른다

몸을 숙이고 희운각 가는 길
백합 같은 햇살이 잠시
칠부능선을 쓰다듬는데
반짝이며 몰려오는 천상과 지상

아, 슬프도록 푸른 팔월 능선이여

너는 뉴저지 주에서
나는 소도시 변두리에서
이렇게 흔들리며 살지만

갈래머리 삼십 년 전 수학여행길
그 추억의 위치
비선대 너럭바위에 기대어
오늘은 너도 웃고 나도 웃는다

山行日記 · 9

— 설악 장수대에서

웃자란 어둠 속 지나
알싸한 신새벽 장수대
내 발자국 소리만
산에 가득하다

잠든 숲을 젖히고 오른
희미한 안개 바다
대승폭포는 지금
굽이굽이 내밀한 힘줄을 뚫고
적막한 설악을 깨우고 있다

山行日記 · 10

— 영남알프스 에베로릿지에서

켜켜이 매달려 이룩하는
숨결 너머로
구월 하늘은 바람처럼 섰다

지상의 입술도
꾹꾹 눌러 담은 골짜기

방울방울 떠가는 능선
막무가내로 사랑하다
영축산 억새바다에
발목이 젖다

山行日記 · 11

— 지리산 칠선골 사계

어느 먼 날에
약속이 있었을 것이다

봄, 가벼운 노래로 시작된
마흔의 서정으로 처음 만나

여름날 무성했던 내 걸음의 사유를 두드리며
쓸어내린 초록의 계류에 젖어
지리 칠선골 내 안에 흐르다

쑥부쟁이 길을 내는 부드러운 산등성이
숱한 시간들 말리며 바라본 거기

경계도 없이
어느새 얼음꽃 찬란한 틈으로
살을 내어주고 스러져 누운
뼈의 노래 위에

울창하다
산을 사랑한 시간들

山行日記 · 12

— 지리산 천왕봉에서

오늘은 그냥
침묵으로 돌아가려고 했어요
살며시 이리도 가슴 시린 노래
불러 보긴 처음입니다

첩첩 깊은 골짜기 삭혀
눈 맞추고 온
처절한 물소리 어쩌지 못해
그대 등에 기대어
산오이풀 같은 사랑 노래
살기 위해 불러보긴 처음입니다

내 손에 쥔 것 없어
내려놓을 것도 없지만
말갛게 씻기고 싶어

수천 년 일출과 일몰을 품은
그대 솟구치는 사랑 노래
이리도 간절히
불러보긴 처음입니다

山行日記 · 13

— 지리산 벽소령 산장에서

내 안에 너의 정점이
스멀거리며 떠다니는 밤
벽소령 달빛을 배고
나는 잠들지 못한다

칠월 원추리 출렁이던 기억
아슴한데 어느새
온 천지 알싸한 가을 내 난다

이대로
뜨끈한 너의 품에서
한 몇 년
머리 박고 살고 싶다

山行日記 · 14

— 지리산 촛대봉에서

비 그친 세석평원 핏빛 철쭉의 노래
늦봄 하늘에 잉잉거려요

머나먼 성층권
독한 사랑의 새김질처럼
켜켜이 구름치마 두른 채
발그레한 촛대봉을 내려다보네요

노을 기다리는 동안
반야봉 육감적인 손길이
천왕봉 젖가슴에 닿을 듯해요

발아래 청학연못에는
지난 가을 벗어 논 붉은 잎들 아직 그대론데

또다시
지리와 몸을 섞은 오늘은
바람마저 야생입니다

평설

시가 보는 것의 실존에 대하여

— 장미애 시세계

전문수(문학평론가, 창원대학교 명예교수)

눈으로 보는 것의 본 것과 마음으로 소유하는 것의 차이는 크다. 눈으로 본 것은 누구에 의해서 수여된 것을 보는 것이기에 내 것이 아니다. 타자다. 타자가 소유한 것은 정확히 알 수가 없다. 그래서 내 마음으로 본 것만이 내 것이고 그것이 나의 실존이다. 인간이 소유하는 것은 모두 이런 두 양태의 존재이다. 그런데 문제는 본 것이나 들은 것이 내 것인 양 착각하는 것이 보통의 우리들 일상이다. 왜냐하면 이 세상에 소여된 대로 내 것인 양 받아쓰면 매우 편안하기 때문이다. 주어지는 것이 훨씬 편하기에 그냥 받아버린다는 것이다. 그러니 사물들이 소유하는 존재의 대부분은 다 내 것이 아니고 타자들의 것이다. 고상하게 이런 것들을 우리는 기성문화라고 하지만 자기 정체성 없이 살기를 싫어하는 별난 성미의 시인들은 일상이 허무하기 그지없다고 느낀다. 유별나게 시인들은 이 착각한 소유 존재의 벽을 허물려고 한다. 왜냐하면 참 존재의 의의를 깨닫지 않고는 진아 즉 진정한 자아에 들어서지 못하여 세계와의 괴리를 감당할 수 없기 때문이다. 왜 시를 쓰느냐고 물으면 그래서 시인은 매우 곤욕스럽다. 때로는 궁색한 변명을 할 수밖에 없기도 하다. 이쪽과 저쪽의 강 언덕을 마주하지 않으면 안 되는 삶의 아이러니가 시인의 실존이기 때문이다.

눈이 아니고 마음이려고 했어

접히는 구월 벼이삭의 황혼을 보는 것
그 아래 논두렁 누런 옷 벗어내는 콩대를 보는 것
깊은 가을 종택의 서까래를 보는 것
첫 휴가 다녀가는 아들의 뒷걸음을 보는 것
아무런 약속 없는 휴일 내리는 비를 바라보는 것
휴교령 내려진 언덕길
계엄군의 총끝 오래 눈물로 바라보는 것
그리고
지금은 저만치 마음을 나간 시간을 기억하는 것

늘
눈이 아니고 마음이려 했어

— 〈마음바다〉 전부

왜 시인은 사물을 마음으로 보려 했는가를 〈마음바다〉란 표제한 구절로 요약하고 있다. "접히는 구월 벼이삭의 황혼을 보는 것" 한 행은 다시 이를 부연하고 있다. 우선 '접히는 구월' 은 눈으로 볼 수 없는 것이 확실하다. 즉 마음으로만 볼 수 있는 것이다. 장미애 시인의 시력詩歷이 어떤 수준에 있는가를 단적으로 보여주기도 하는건대, 시적 눈이 놓이는 방식의 가장 기본을 웅변하고 있다. 다음 구절 '벼이삭의 황혼' 역시 마음의 눈으로밖에는 못 보아 내는 것이다. "논두렁 누런 옷 벗어내는 콩대를 보는 것" 역시 똑같다.

그래서 "눈이 아니고 마음이려 했어"의 마지막 끝 행이 시사해주는 바는 크다. 장 시인이 자신의 시적 실존을 천명하고 있기 때문이다. 비록 아주 소박한 언어로지만 자신의 삶과 시의 관계를 매우 깊은 운명으로 피력하고 있다.

> 그래서 참 궁금하다.
>
> 삶과 꿈이 동일시되어 현실엔 눈멀었고, 남루한 몇몇 언어들로 기워보는 내 시가 늘 불만이어서 안으로 안으로 사그라들어 이제는 더 숨을 곳도 없어진 지 오래다.
>
> 하지만 여기 가만히 출렁거리던 내 이파리들을 가시 없이 내놓는다.
>
> — 〈시인의 말〉 일부

너무나 완강한 현실의 삶과 시적 꿈의 아이러니를 남루한 몇몇 언어들로 기워보는 시인의 고통과 불만을 극명하게 제시하고 있다. 현실의 아픈 삶을 시적 언어로 치유해 보려는 솔직한 속내를 가식 없이 보여주기도 한다. 삶과 시의 실존이 할 어우러지고 있다.

1. 바다와 시의 함수

바다는 자유와 불혹의 포구이다. 장 시인의 바다나 물은 현실의 옥죄인 삶을 풀어주는 구원의 성소이고 자유구역이다. 이미 자기 정체성을 일찍이 완성한 바다는 더 이상의 어떤 유혹에도 흔들리지 않는다. 진정한 자유는 대립자를 불허한다. 구속과 같은 대척적 개념조차를 허용하지 않는다. 절대 개념의 완성을 천명하는 자유이다. 따라서 장 시인이 바라는 바다는 불혹의 포구이다.

너 오기만 기다렸다
타인의 방에 등짐 풀어
한 시절 묻어 사는
게의 목숨 같은 지난날

손 흔들어 인사도 없이
커진 몸 어쩌지 못해
등짐 훌훌 벗고
너른 세상 떠나는 게의 희망처럼

서른아홉의 입술로
너를 불러 다시 살고자 한다

이제 너를 만났으니 온몸을 적시며
발그레한 속살 꾸리면서
불같이 뜨거이 무르녹고 싶다

내 깊은 바닷속 너를 가두고

— 〈불혹에게〉 전부

"타인의 방에 등짐 풀어/ 한 시절 묻어 사는/ 게의 목숨 같은 지난날"은 구속의 셋방살이었다면 새로운 불혹의 40은 구속되어온 내 삶을 벗어나는 새로운 세계의 개진이다. "내 깊은 바닷속에 너를 가두"어 두고 불혹을 지켜가고자 하는 것이 장 시인이다. 불혹의 나이에서부터는 자유의 내 세계를 잃지 않고 내 정체성을 완성해가는 새로운 인식에 이른다. 이제 바다와 자유와 불혹은 동일 세계로 시인의 실존적 삶을 열어준다. 결국 이는 마음의 바다라는 시적 구원에 이르는 것이다. 불같이 뜨겁게 무르녹고 싶다는 노출된 욕망 표현은 그만큼 절실한 깨달음이었음을 드러낸 것이라 볼 수 있다.

이런 불혹의 자아정체성 확보는 한층 더 굳히기에 드는데, 자신 밖의 절대 자유의 여러 시각으로 나약한 시인의 힘을 극복하고자 한다.

그대 더운 눈으로 나를 보네
내 시린 가슴속 빈터를 데우라고

그대 고난의 눈으로 나를 보네
바람 부는 세상에 발목 적시며 서 있는
내 솟구치는 눈물 씻으라고

그대 불꽃의 눈으로 나를 보네
다른 세상 만들어 꽃피라고
칠흑 같은 어둠이 와서 사람들이 다 비워져도
맑은 목소리로 노래하라고

그대 칼날 같은 눈으로 나를 보네
비탈진 언덕을 올라
양심의 살로 채워질 정의를 위해
서슴없이 버릴 수 있는 것이 밥이어야 한다고

그대 완강한 눈으로 나를 보네
비틀거리며 몰려오는 사람의 진흙 밭에
어김없이 뿌리 내려 가지를 얻어서
살아서 한 송이 꽃피워 내라고
꽃피워 새벽하늘 향기로 열어서
시름에 겨운 입술 물들이며
참사랑을 말하는 입이 되라고

나를 보네, 흉내 낼 수 없는 눈으로 나를 보네
눈여겨 총총히 주시는 생명

— 〈그대 눈이 말하네〉 전부

그대란 제3존재로 의인화되는 냉정한 파수꾼을 설정한 것은 장 시인의 시적 결의를 단호히 하는 것이다. 주지하는 바와 같이 모든 언어가 다 그렇지만 특히 시는 시인 자신의 세계관과 밀접하여서 자족적인 언어 암시와 냉철한 구속이 강하다. 시적 언어의 힘이 어떤 문자의 힘보다 더 강하다. 굳이 시인이 되고자 한 것도 암암리에 이런 힘을 신뢰하였기 때문일 것이다. 그래서 자유의 바다는 역설적이게도 부정한 것을 버리는 블랙홀이 되어 간다. 모든 오물들이 정화되는 사물과 사유의 성소가 되고 구원의 제단이 된다. "내가 나에게 따르는 혁명의 술 한 잔"이 되는 것이다

사랑이 날 데리고
바다로 간다
시월의 막막한 몸
시위대에 떠밀리며 길모퉁이
매캐한 가로수에 기대어
흘린 눈물 버리러
바다로 간다
태종바위 난간에서 무섬증에 떨며
멀리 쓰시마 해역 보인다고 생떼를 쓰던

가을 햇살은 절벽에 기대어 익어가는데

사랑이 날 떠나가면
바다로 간다
내가 나에게 따르는 혁명의
술 한 잔

— 〈태종대 유감〉 전부

드디어 장 시인은 구원의 성소에서 귀산에 이른 물을 몸소 체험한다. 장 시인의 다음 시들에서 한층 구체적 형상을 우리는 목도 하게 된다.

굽어진 해안선을 돌아 나온
만삭으로 뒤채는 열나흘 달빛이
저녁바람에 젖고 있다
바람은 이미 어제 그 미지근한 바람이 아니다

날마다 찾아드는 내 극심한 눈물과
뾰족거리며 달려들어 나를 찌르는
세상의 가시들이
밀물의 귀산에는 없다

산다는 것은
눈물 덮어 줄 향기를 찾는 일

달빛만 한 희망을 담그는 일
산다는 것은
허락도 없이 들이치는 물살
헤치는 일

— 〈밀물의 귀산에서〉 전부

눈뜬 아침부터 비였다
안개비 내리는 포구
방파제를 씻어 내리는 갯내는
나를 알아보고 맨발로 뛰어왔다
잘 익은 나의 절망을 베어
던진 바다는 핏빛이다
연신 내리는 비는 갯내를 품고
먼 길을 떠난다 다시
살아서 오기 위하여

— 〈포구에서〉 전부

한때 뜨거웠던 나의 눈물
등 푸른 그대 체온으로 식혀다오
나 숨죽여 키워 온 불씨 하나
무성한 바람 속에 출렁이고 있으니
그대 푸른 배경으로 덮어다오
살아가다 벗어 놓은 허기진 사랑도
그대 무궁한 물방울로 적셔다오

사람에게 받아 지우지 못하는
칡넝쿨 같은 배반의 혀끝
등푸른 그대 체온으로 풀어다오

— 〈그대 속살의 바다를 다오〉 전부

눈물 흘려도 씻을 수 없는
분홍 꽃잎
함부로 마음 받아 부대낄 때
오월에도 바람 부는지
독한 향기 데리고 바다로 갔다

— 〈하루, 1980〉 일부

막 잠들기 위해
이불을 펴는 난바다
무수히 꽃등을 단
대낮 같은 빛무리 하늘을 세운다

병풍처럼 둘러서서 바람을 재우며
아직 바다는 분주하다

깊은 물속 먹물 쏘아대며 놀던 오징어 떼처럼
꽃등의 꾐에 빠져
그대에게도 달달한 사랑 있었겠지만
그래서 더욱

건질 수 없는 이 막막한 노래

내가 흔들리는 사이
모닥불 같은 서해의 노을은
수평선 너머 하늘을 열고
다시 동해의 일출로 살아나
간밤 질펀했던 잔칫상을 치운다

— 〈동해에서〉에서

굳이 여러 시편을 제시해 본 것은 장 시인의 바다는 그가 시적 사유의 자유를 누리는 어떤 의미 깊은 상징이 되고 있기 때문이다. 이는 시의 자유와 삶의 자유 등등 유달리 이 시집에서 바다는 그 무게가 크다. 마치 바다를 자유자재로 안식의 피안처럼 누리고 있다. 이 정도의 바다를 소유하기도 힘들 것 같다. 모든 시인에게 부러운 장미애의 시 밭이다.

2. 내 손에 남은 겨울 詩 하나

어쩌면 내 손에 남은 겨울 시 한 편이 내 시의 실존일 수 있다. 인생이 그렇듯이. 따져보면 우리는 시 한 편 남기는 것 외에 내 석 자 이름조차 붙일 곳 없이 떠나고 만다. 인생은 언어적 의미 외에 결산될 것이 없다. 권력도 재물도 그것은 다 내가 사는 동안의 한 방편일 뿐이었지 내 것이 아니었다. 다 내주고 가야 한다. 나라는 존재의 언어적 실존만 오직 내 것으로 남는다. 이때 실존이란 말에 유의할 필요가 있다. 특수한 조건 속에서 나만의 특수한 삶의 의미가 실제 내 생의 실존이라는 뜻이다. 장미애 시인이 자기 삶과 시 한 편을 동일시한 것은 어쩌면 솔직하고 정직했다고 보인다. "만질 수 없는 내 목소리"를 볼 수 있게 언어로 형상화시키는 것이 언어의 집 즉 시작이라면 우리들 삶도 역시 이런 상상의 집안에 있는 것과 다를 바 없다고 본다. '겨울 시 한 편' 은 이리하여 내 손에 남은 전부일 수 있다는 것이다.

만질 수 없는 내 목소리
때릴 수도 없어
죄지으면 짓는 대로
내버려두었다

불혹의 뒷등으로
새파랗게 날 선 지난날
끊임없이 쌓이는 죄의 무덤

이리저리 기워 보는
모나고 성긴 말들
사슬에 얽혀
하늘로 오르면

내 손에 남은 겨울 詩 하나

— 〈겨울 詩〉 전부

"나는 왜 오늘 여기 서서 백 년도 못 될 나의 생을 들여다볼까요?"라고 장 시인이 프라하의 겨울 광장에서 되묻고 있다, 미증유의 파란만장한 자유와 굴종의 역사적 현장, 고색창연한 중세풍 이국의 낯섦에서 역시 동질적 삶의 애환을 공감했을 것이다. 생과 사의 피할 수 없는 운명은 어디고 다를 바 없음을 새삼 확인했을 것이다. 낯섦이 오히려 삶을 새로 보는 시 한 편이 될 수 있었을 것이다. 우리들이 의심 없이 신뢰하는 역사란 겨울만큼 냉철하고 정직할 것 같다. 언제나 북채로 치면 둥둥 소리치는 북소리처럼 서슴없이 대담하는 역사.

푸른 하늘에 맞닿아
신의 노래를 부르는
성당의 종소리 따라
허공에 손 그림을 그려 봅니다
프라하 광장에서

멈춰 있는 중세의 시간
몰다우 강을 흐르는 보헤미안의 영혼을
스메타나*가 그리던 그 조국을
등줄기가 서늘한 2월
귀를 대고 들어 봅니다
카를교 난간에서

나는 왜 오늘 여기 서서

백 년도 못 될 나의 생을 들여다볼까요?

*스메타나 : 체코 출신 '나의 조국' 작곡가

— 〈프라하의 겨울〉 전부

첫 새해 나들이
전라도 순천서부터 시작된 눈발은
광주까지 가는 동안 내내 퍼부었다
어둠에 갇혀 흰 눈물을 울던 금남로
번득이는 새 날의 바람이 불던 충장로
–중략–
열네 살 아들놈의 망월동 타령에 떠난 광주행
눈길을 달려 무등산 자락에 짐을 풀다가
결빙의 단단한 길모퉁이에서 꺾어지고
다시 되돌아오는 남해 고속도로
새벽 찬 들을 눈발 속에 달리는데
아쉬운 것들이 마구 돋아나서
오던 길을 자꾸 뒤돌아본다
눈 내리는 전라도와 맨땅의 경상도가
하얗게 손잡고 섰는
손바닥만 한 이 땅의 신열에 대하여 생각하다가
새벽 칼날보다 시린 바람을 뚫고
아픈 역사의 벽을 가르며
둥둥둥 소리치는 북소리

— 〈칼바람 속에서〉 일부

소백산맥 동으로 뻗어 남도의 끝자락
몇 년에 한 번 그대 오시나
살아서 온기로 흩날리던 그대의 넉넉한 살점
부둥켜 다독이면 뜨겁게 녹아 우는
말없이 제값을 하고 떠나는 목숨이여
총총히 만져지는 뭉클한 산하
그대 더운 손길로 데워서
연초록 꽃바람으로 넘쳐라
낮추라 낮추라
보리밭도 숨기고 청솔가지 잣나무
그리고 똥개 순한 발자국
너른 옷자락 품어 이 세상을 덮어라
환생을 믿으며
몸통 하나 머리 하나로 그대를 빚는다
우는 폭설 앞에서

— 〈우는 폭설 앞에서〉 전부

바삭바삭 저문 얼굴로
무성한 바람 속에 서서
비명을 지르는 나에게도
청춘의 속도는 있었을 것이다

밟으면 푸른빛 도는
탱탱한 시간들의 질주 또한 있었을 것이다

어느 먼 이국의 항구를 떠나온
가난한 사랑 노래
힘겨운 세상
나를 비우라는 은밀한 목소리다

오늘 너를
만나고 돌아서는
세상 끝에서 덜컥 해가 진다

내일은 좀 더 독한 사랑으로
살게 되기를

—〈정동진에서〉 전부

그렇습니다

가시의 장미가 뿜어 낸
숨 막히는 울혈도
오월 산빛이면
용서하겠습니다

지금은 추억이 된
개망초꽃 무리진 길
함께한 나들이도

듬성듬성 철 이른 코스모스면
용서하겠습니다

이제
쓸쓸하고 쓸쓸했던 시간을 꺾어
우기의 볕 아래
꽃물 얹어 말리겠습니다

나 그대로부터 놓여나기 위해

— 〈해방구〉 전부

3. 삶의 함축과 흔적들

추억의 보고에서 가장 많은 즐겨찾기가 이루어지는 것은 인지상정이 아닐까 싶다. 그중 가장 정겹고 아쉽고 애련하고 아픈 뼈저림은 가족관계일 것이다. 이는 누구나 한 생명의 원천이고 또 종말이기 때문일 것이다. 이들 관계 속에서 나서 역시 이들 관계 속에서 사라진다. 특별히 사랑하는 이와의 별리는 언제나 잠시의 여백도 용서하지 않고 자신의 근황을 다그치기도 한다. 이런 중병보다 더 심한 애모의 정들은 늘 자신의 삶의 거리를 한 치의 용서도 없이 재고 나선다. 그러나 이런 가장 질긴 생의 흔적들은 내 삶의 보고가 된다. 마음이나 정신을 보관할 창고가 따로 없는 것이라면 이 흔적의 단서들은 무한히 진실한 실제를 복원해주는 귀한 보감이 된다. 시는 이런 점에서 그 함축이라는 것이 생명인 지도 모르겠다.

－전략－

다시 파란불이 켜지고
작별의 손길 어느새
교차로를 빠져나와
실낱같은 그대 안부를 묻는다

다시는 오지 않을 지도 모른다
이 길

아리따운 스물하나
한사코 떠나 버린 길 위에서
흔들리고 있다

— 〈해후〉 일부

－전략－

아버지를 보내고 참았던
눈물을 버린 휴게소가 있다
어머니를 보내고 듣던
사라 멕라클란의 노래가 있다
한때는 오붓했던 가족사진이 있다
목말랐던 내 시의 우물이 있다

그리고

무엇보다 파릇했던

스무 살의 내 청춘이 거기 있다

— 〈7번 국도에는〉 일부

– 전략 –

밤새 베란다 유리창에 흘러내린 물 그림이

붉은 가로등 빛을 받아

쇠락한 잎처럼 헝클어져 있다

가만히 들여다보니 길 하나가 걸어간다

어머니 가신 하늘 길일까

– 중략 –

더디 가시라고 바람은 아직

저만치서 오고 있다

— 〈흔적〉 일부

아버지 숨 몰아쉬던 아침나절

– 중략 –

그 먼 길 홀로 가시는 줄 모르고

복사꽃 피어서 흐드러진 앞산 두고
매화 향기 떠내려와 마당에 고이는 뒷산 두고
북간도로 끌려갔던
그 무상의 세월 여기 두고

-중략-

그 먼 곳에도 해가 뜨고 바람이 부나요

— 〈그날, 아버지〉 일부

사소한 어미의 정신을 배경으로
짧은 겨울 해 묻어나는 강물에
슬며시 한 발을 잠그며 들어서듯
네가 써 놓은 몇 줄의 글들이
푸르게 나를 넘어
바다를 적신다

때 묻은 세상을 들추고
네가 살아야 할 별들을 위하여
한 아름 새벽 깔아놓고
일어서는 바람이여

— 〈아들에게〉 일부

4. 시의 축제와 보험

장 시인은 가감 없이 시의 행간에 잠들었다고 한다. 그래서 축제가 된 이유가 된다. 축제는 영원한 정신을 기리는 제전을 말한다. 미학자 오스카 와일드가 꽃들의 향기 속에 죽음을 맞이했다는 그 상징성이 읽히는 시이다. "시를 쓰다가/ 하얗게 비워지는/ 행간에서 잠이 들었다"

"무게가 없는 시를 쓰다가/ 뼈가 없는 시를 쓰다가/ 내 몸이 부스러지는" 시와 삶의 행간에서 살고 싶은 인생의 결의 같기도 하다. 어느 한 지향점을 이정표에 두는 것은 현실을 매우 긍정하는 것이다. 인생의 마지막 보험이 사랑이라면 시는 그 길을 여는 더없는 방편이 될 것 같다. 더 높은 곳으로 시적 승화가 있기를 바란다. 결코 내일은 창밖의 바람이 멎을 것이다.

시를 쓰다가
절뚝이는 세상 구원을 위해
시를 쓰다가
하얗게 비워지는
행간에서 잠이 들었다

누구였을까
상엿소리 흐르는 길 위에
흩뿌려지는 이승의 마지막

축제다

훨훨훨

— 〈축제〉 전부

겨울입니다 저마다 휘청거리는 생에도 하얗게 눈이 내립니다 사랑도 보험이 있다면 나이가 들어도 병이 있어도 묻지도 따지지도 않는 보험 하나 들어 눈부신 눈물 가난해진 사랑의 오지에 활활 꽃불 붙일 수 있을텐데 밤별이 찬 하늘에 흐릅니다 내 상처의 후미진 뜰에 숨어 우는 예수의 십자가도 구원하지 못하는 야윈 사랑을 딛고 일어설 이 겨울 다 지나고 새살 돋는 복사꽃 환한 등불처럼 꽃피울 사랑 보험 하나 들어 두고 싶은데요 행여 뿌리라도 살아 있어 새순 돋을지 누가 알아요 물이라도 주어 볼 일입니다

— 〈사랑보험〉 전부

누가 죽어 가고 있다
슬픔의 뿌리를 뒤지며
누군가 다시 일어서고 있다
멈출 수 없는 속도로

누가 울고 있다
누가 웃고 있다
누가 떠나가고 있다
누가 돌아오고 있다

누가 사랑하고 있다
목이 쉬도록
누가 이별하고 있다
불온한 자음과 모음으로

무게가 없는 시를 쓰다가
뼈가 없는 시를 쓰다가
내 몸이 부스러지는

오늘, 창밖은 바람이다

— 〈오늘〉 전부